Mi primer libro sobre el
universo

© Del texto: José Luis Oltra, 2024
© De las ilustraciones: Srta. M, 2024
© De esta edición: Grupo Anaya, S. A., 2024
Valentín Beato, 21. 28037 Madrid
www.anayainfantilyjuvenil.com

Primera edición, febrero 2024

ISBN: 978-84-143-3691-5
Depósito legal: M-185-2024
Impreso en España - *Printed in Spain*

PAPEL DE FIBRA
CERTIFICADA

Mi primer libro sobre el universo

José Luis Oltra

Ilustraciones de Srta. M

Estás a punto de embarcarte en un viaje épico que te llevará más allá de la Tierra y en el que descubrirás las maravillas del universo.

Para este viaje no hace falta equipaje. Solo necesitas una cosa: tu curiosidad. Así que busca algún lugar cómodo donde sentarte y prepárate, porque aquí empieza nuestro viaje por el universo.

El origen del universo

En los inicios del universo, el tiempo
y el espacio no existían. Y de repente: ¡chas!
Empezó todo.

A aquel comienzo lo llamamos Big Bang,
que significa algo así como «gran explosión».

En sus primeros instantes, el universo era increíblemente pequeño. Más pequeño que una mota de polvo. Era tan pequeño y estaba tan caliente que solo podía crecer.

Al crecer y enfriarse, se formaron los primeros átomos. Millones de años después del Big Bang, se formaron las primeras estrellas, que se agrupan en galaxias.

A día de hoy creemos que existen miles de millones de galaxias diferentes esparcidas por todo el universo.

Nosotros habitamos una de esas galaxias: la Vía Láctea.

Tiene forma de espiral, como si estuviera enrollándose sobre sí misma.

Como la vemos desde dentro, tiene el aspecto de una franja llena de estrellas que cruza todo el cielo. La puedes distinguir en las noches más oscuras.

Las maravillas de la Vía Láctea

Las protagonistas de la Vía Láctea son las estrellas. Las hay pequeñas y rojas, y otras mucho más grandes y azules.

Algunas estrellas terminan convertidas en enanas blancas. Otras, en estrellas de neutrones o agujeros negros.

Agujero negro

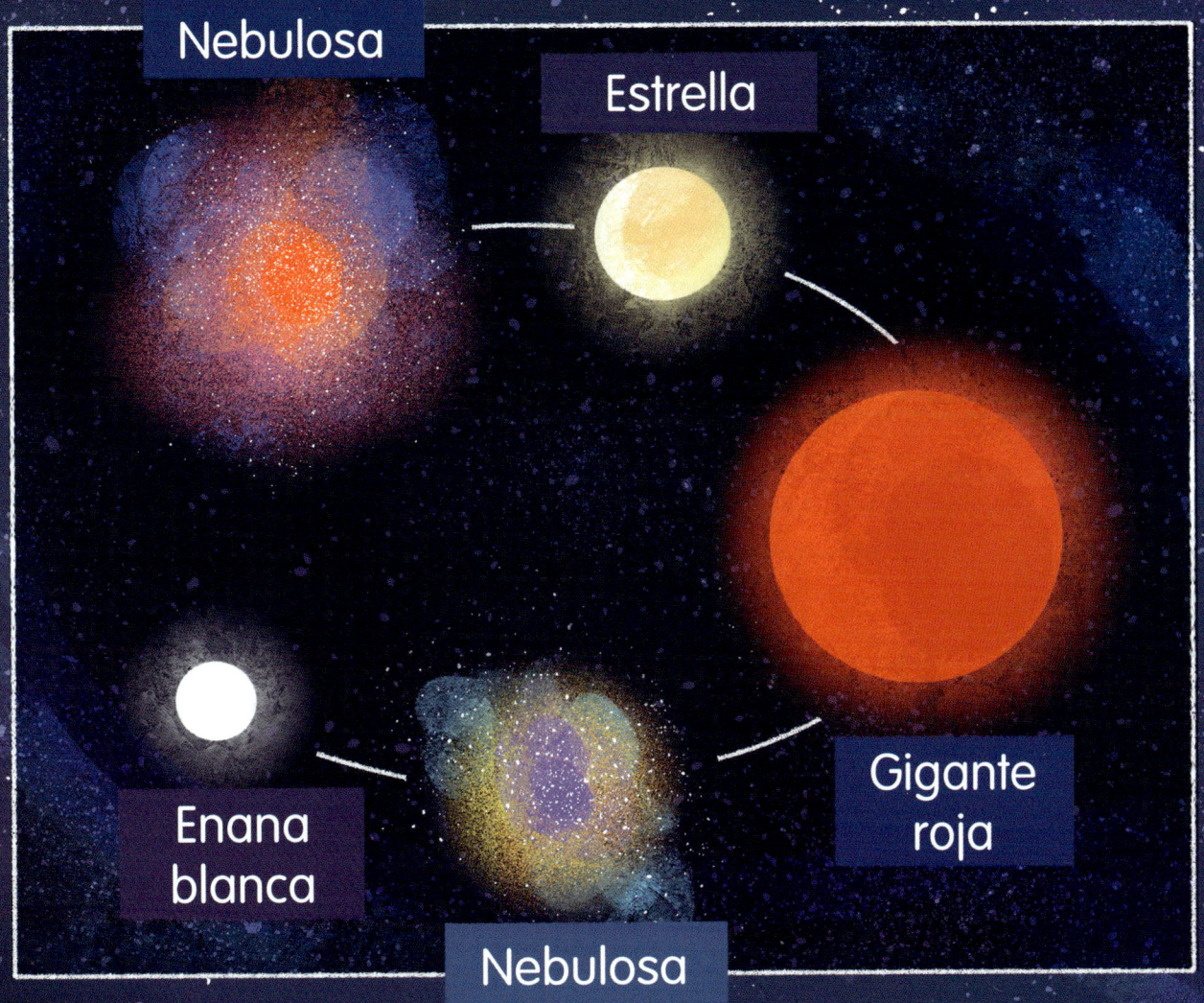

Nebulosa

Estrella

Gigante
roja

Enana
blanca

Nebulosa

¿Ves esas manchas de polvo de colores?
Son nebulosas, gigantescas nubes de gas
y polvo. Algunas nebulosas se forman
con lo que expulsa una estrella durante
sus últimos días. Otras dan lugar
a nuevas estrellas.

El sistema solar, nuestro vecindario en la galaxia

De todas las estrellas de la Vía Láctea, la más importante para nosotros es el Sol. Ocupa el centro del sistema solar y alrededor de él orbitan los planetas.

El Sol es una estrella de lo más normal, ni muy grande ni muy pequeña.

Brilla intensamente con un color entre blanco y amarillo porque su superficie está muy caliente.

Estos son los ocho planetas
del sistema solar.

Mercurio
El más pequeño.

Venus
Donde hace más calor.

Tierra
¡Nuestro planeta!

Marte
Tuvo ríos y mares,
como la Tierra.

Júpiter
El más gigante.

Saturno
Lo reconocerás
por sus anillos.

Urano
Orbita tumbado.

Neptuno
El más lejano.

Nuestro hogar en el universo

La Tierra es el tercer planeta desde el Sol. Está rodeada por una capa de aire que se llama atmósfera. Gracias a ella, retiene parte del calor del Sol y puede mantener agua líquida: nuestros mares y ríos.

Alrededor de la Tierra orbita la Luna.

Tarda unos 27 días en dar una vuelta completa, y eso hace que unos días la veamos llena, que otros solo brille una parte y que otros... ¡nada!

Cometas, lluvias de estrellas y auroras

Los cometas están hechos principalmente de hielo. Cuando se acercan mucho al Sol, expulsan gas y polvo, formando la estela que vemos brillar.

Las lluvias de estrellas ocurren cuando la Tierra atraviesa una de las nubecillas que los cometas dejan a su paso. El polvo arde en la atmósfera y, durante unos instantes, parece una estrella.

Las auroras, por otro lado, tienen su origen en las partículas que expulsa el Sol. Cuando llegan a los polos, hacen brillar nuestro cielo con sus espectaculares colores.

La ciencia más antigua: la astronomía

La astronomía es la ciencia que estudia el universo. Desde la Antigüedad, los seres humanos hemos utilizado las estrellas para medir el paso de las estaciones y los años. También hemos agrupado las estrellas en constelaciones, y les hemos dado nombre según los dibujos que forman.

La revolución llegó con la invención del telescopio. Galileo Galilei lo utilizó para observar la Luna y Júpiter, y descubrió sus cuatro lunas más grandes.

Cohetes y astronautas

Tras miles de años observando el universo, no pudimos evitar explorarlo cuando la tecnología lo hizo posible.

El primer cohete espacial fue el R-7, que puso en órbita al satélite Sputnik 1.

El primer astronauta de la historia se llamaba Yuri Gagarin, y la primera mujer, Valentina Tereshkova.

También se enviaron al espacio muchos animales: monos, perros, gatos, tortugas, ratones, conejos, peces...

La primera vez que pisamos la Luna

En julio de 1969, Estados Unidos consiguió llevar a tres astronautas a la Luna con la misión espacial Apolo 11.

Mientras Michael Collins permanecía en la nave, Neil Armstrong y Buzz Aldrin bajaron hasta el suelo lunar.

Una hazaña como esa debía repetirse, así que la NASA continuó con el programa Apolo y cinco misiones más lograron llegar a la Luna. Cada misión aprovechó para hacer experimentos diferentes.

Explorando el sistema solar

Enviar astronautas a la Luna es demasiado caro. Por eso en los últimos años hemos explorado el sistema solar con sondas, como las Voyager 1 y 2.

El planeta que más hemos visitado es Marte. A lo largo de los años, seis *rovers* han recorrido su superficie. Los *rovers* son como coches cargados de instrumentos científicos, con paneles solares, antenas y más cachivaches.

Españoles en el espacio

El astronauta Pedro Duque fue el primer español en viajar al espacio. Estudió ingeniería aeronáutica. Luego trabajó en la Agencia Espacial Europea y se convirtió en astronauta. Ha visitado el espacio en dos ocasiones.

En 2022, la Agencia Espacial Europea eligió a su nueva promoción de astronautas, entre los que hay dos españoles.

Pablo Álvarez también es ingeniero aeronáutico y forma parte del cuerpo principal de astronautas.

Sara García estudió biotecnología y formará parte de la reserva de astronautas.

Hora de volver a la Luna

Ha llegado el momento de volver a la Luna, y esta vez iremos para quedarnos. El programa espacial Artemis tiene como objetivo llevar astronautas a la Luna, y que puedan vivir allí durante uno o dos meses.

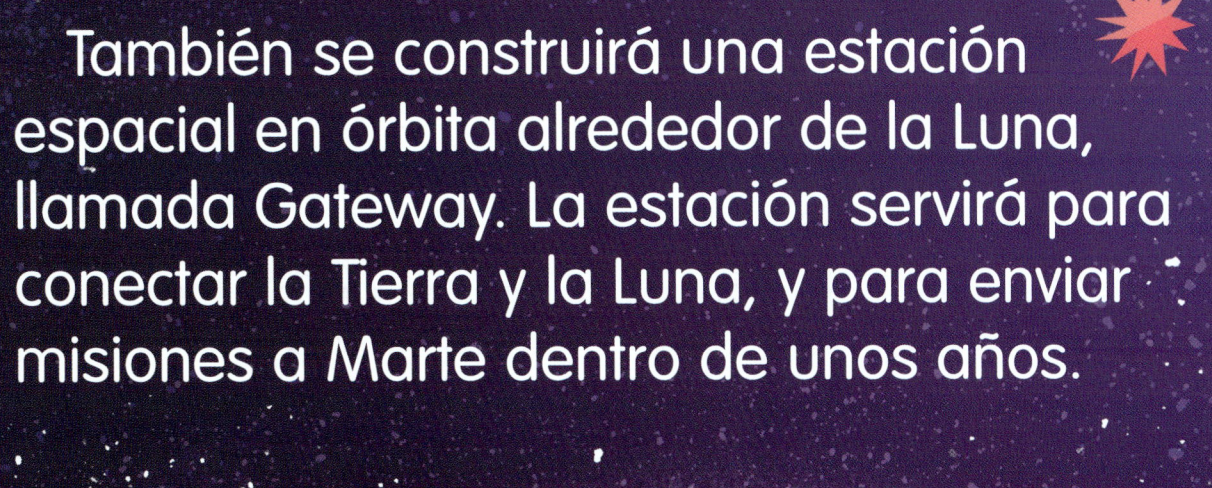

También se construirá una estación espacial en órbita alrededor de la Luna, llamada Gateway. La estación servirá para conectar la Tierra y la Luna, y para enviar misiones a Marte dentro de unos años.